Gesund führen – Das Arbeitsheft zur Veranstaltung

Materialiensammlung für teilnehmende Führungskräfte

Gesund führen –
Das Arbeitsheft
zur Veranstaltung

Materialiensammlung
für teilnehmende Führungskräfte

Bibliografische Information der Deutschen Nationalbibliothek

Die Deutsche Nationalbibliothek verzeichnet diese Publikation in der Deutschen Nationalbibliografie; detaillierte bibliografische Daten sind im Internet über http://dnb.d-nb.de abrufbar.

Für Sie!

Auf dass es Ihnen gelingen möge,
das zwischenmenschliche Wohlbefinden am Arbeitsplatz
ein bisschen zu verbessern und dabei selber gesund zu bleiben!

Dies ist das Arbeitsheft zu Seminaren nach dem Buch „Gesund führen – sich und andere! Trainingsmanual zur psychosozialen Gesundheitsförderung im Betrieb" (ISBN: 978-3-8391-6126-5).
Teile dieses Begleithefts sind nur verständlich, wenn man die entsprechenden Passagen des Buches kennt bzw. die Inhalte im Seminar auf der Grundlage des Buchs erarbeitet. Gleiches gilt für die im Heft gezeigten Folien. Eine Anleitung zu den entsprechenden Dateien findet sich ebenfalls im Buch. Für jegliche Schäden infolge der Verwendung der zu diesem Buch gehörenden Dateien übernehme ich keinerlei Haftung.

Impressum

© 2019 Anne Katrin Matyssek

Karikaturen: Thomas Plaßmann (copyright)

2. Auflage

Herstellung und Verlag: BoD- Books on Demand, Norderstedt

ISBN: 978-3-8370-7779-7

Inhaltsübersicht

Schön, dass Sie hier sind! Herzlich willkommen!

Wie geht es Ihnen heute Morgen? Gut?! Das ist prima! Denn wenn Sie sich wohlfühlen, werden Sie auch Ihre Führungsaufgabe mit Freude wahrnehmen. Die Kernthese dieses Seminars lautet: Eine Führungskraft kann andere nur dann gut führen, wenn es ihr selbst einigermaßen gut geht. Deshalb dürfen und sollen Sie in einem ersten Schritt für Ihr eigenes Wohlbefinden sorgen – auch in dieser Veranstaltung! Geben Sie Bescheid, wenn Sie eine Pause brauchen, sorgen Sie für Frischluft usw.

Einiges, das Sie in den nächsten Tagen hören, sehen und erleben werden, kennen Sie vielleicht schon aus anderen Seminaren – aber die Betrachtung der Führungsthemen durch die „Brille Gesundheit" ist erfahrungsgemäß für die meisten neu. Vieles machen Sie auch aus dem Bauch heraus schon richtig. Insbesondere, wer freiwillig an einer solchen Veranstaltung teilnimmt, interessiert sich ohnehin für das Wohlbefinden seiner Mitarbeiterinnen und Mitarbeiter. Aber Rückenstärkung und Bestätigung tun uns allen gut!

Als Führungskraft sind Sie selber zahlreichen Belastungen ausgesetzt. Gleichzeitig sollen Sie die Belastungen für Ihre Mitarbeitenden abfedern. Wie ein Puffer sollen Sie zwischen Oben und Unten vermitteln und dabei Ihre eigenen Zielvereinbarungen im Auge behalten. Da ist es kein Wunder, wenn Sie Gedanken an Mitarbeitende mit heim nehmen, abends nicht gut abschalten können oder sogar nachts aufwachen und sofort an die Arbeit denken müssen. Das geht vielen verantwortungsbewussten Führungskräften so.

Zum Glück muss das nicht so bleiben! Ich wünsche mir, dass Sie in diesem Arbeitsheft viele praxisnahe Anregungen finden, um selber gesund zu bleiben und den Umgang mit Ihren Mitarbeitenden noch ein bisschen gesünder zu gestalten.

In das Buch, das diesem Arbeitsheft zugrunde liegt, sind meine Erfahrungen eingeflossen aus unzähligen Workshops, Vorträgen und natürlich vor allem Führungskräfte-Seminaren zum Thema „Gesund führen – sich und andere!". Die Spanne der Kunden reichte von Behörden über metall-verarbeitende Betriebe bis zu Unternehmen der Telekommunikationsbranche. Es gab dabei zwischen 4 und 300 Teilnehmende. Die Veranstaltungen dauerten zwischen 20 Minuten und drei Tagen. Also ganz schön viele Erfahrungen ...

Auch in diesem Begleitheft verzichte ich wegen der leichteren Lesbarkeit meistens auf die Nennung der weiblichen Form (Mitarbeiterinnen, Chefinnen) – das ist nicht böse gemeint. Natürlich beziehen sich sämtliche Inhalte gleichermaßen auf Frauen wie Männer.

Viel Erfolg bei Ihrem Einsatz für ein gesundes Miteinander im Betrieb wünscht Ihnen (und den Menschen, die mit Ihnen zusammen arbeiten) von Herzen

Ihre Anne Katrin Matyssek

Köln, im Juli 2019

Bitte beachten Sie abermals:
Dies ist das Arbeitsheft zum Buch „Gesund führen – sich und andere! Trainingsmanual zur psychosozialen Gesundheitsförderung im Betrieb" (ISBN: 978-3-8391-6126-5). Teile dieses Begleithefts sind nur verständlich, wenn man die entsprechenden Passagen des Buches kennt bzw. die Inhalte im Seminar auf der Grundlage des Buchs erarbeitet. Gleiches gilt für die im Heft gezeigten Folien.

Führung und Gesundheit

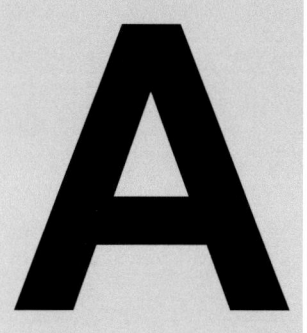

A

Alle! Auch Sie, wetten?!

Der Mensch, der diese Veranstaltung leitet, wird Ihnen erklären, was es damit auf sich hat. Wenn Sie sich dazu Notizen machen wollen (damit Sie es wirklich nicht mehr vergessen und sich vielleicht sogar noch öfter so verhalten):

....

....

worum geht's in dieser Veranstaltung?

Bestimmt möchten Sie wissen, worum es in dieser Veranstaltung geht. Welche Themen in diesem Seminar eine Rolle spielen, können Sie der Inhaltsübersicht auf Seite 5 entnehmen. Es geht hier nicht um Sucht, Ergonomie oder Ernährung, es geht nicht um Fehlzeitenreduzierung per Knopfdruck, und es gibt auch keine Wunderlösung. Die Ziele sind bescheidener: Bestätigung und Sicherheit, Rückenstärkung, Anregungen für ein gesünderes Miteinander, Grenzen aufzeigen. Letztlich geht es um eine Verbesserung der Arbeitsfähigkeit durch mehr Wohlbefinden am Arbeitsplatz – für Sie und für Ihre Mitarbeitenden.

WHO (1946): „Gesundheit ist der Zustand vollkommenen körperlichen, psychischen und sozialen Wohlbefindens (...)"

Sind Sie eigentlich gerade gesund oder sind Sie krank? (Auflösung: S. 11)

....

Auch wenn die WHO-Definition links am Rand eine Utopie beschreibt (zumindest für die meisten von uns) und wir Gesundheit heute nicht als Zustand, sondern als Prozess ansehen, an dem man immer wieder arbeiten muss: Die Definition hat große Verdienste, denn sie macht uns auf die verschiedenen Facetten von Gesundheit. Der Mensch lebt nicht vom Brot allein – und er braucht auch mehr als einen perfekt funktionierenden Körper, um sich gesund zu fühlen. Auch seelische und zwischenmenschliche Vorgänge entscheiden mit über das Wohlbefinden am Arbeitsplatz. Und die sollen hier im Fokus stehen.

Allein schon die Auseinandersetzung mit dem Thema führt bei den meisten Menschen dazu, dass sie gesünder mit einander umgehen und auch stärker auf die eigene Gesundheit achten. Sie werden es spätestens am Ende der Veranstaltung selber merken. ☺

A.2   Was tun Sie schon für die Gesundheit? (Bestandsaufnahme)

do care!

In Kleingruppen sollen Sie eine Art Bestandsaufnahme vornehmen und dabei den erweiterten Gesundheitsbegriff, den Sie eben kennen gelernt haben, zugrunde legen. Bitte notieren Sie die Sammel-Ergebnisse Ihrer Kleingruppe mit dicken Stiften auf Metaplan-Karten! Zusätzlich können Sie hier Ihre Antworten notieren.

a)   Was tun Sie schon für die eigene Gesundheit?

....

....

....

b)   Was tun Sie schon für die Gesundheit Ihrer Mitarbeitenden?

....

....

....

Außerdem ist interessant zu wissen: Was sollen Ihre Früchte sein?
(diese Zeilen können Sie natürlich auch leer lassen)

....

....

....

Sie sind ein Gesundheitsfaktor.

die Führungskraft als Klima-Vorbild

Als Führungskraft nehmen Sie Einfluss auf das Wohlbefinden Ihrer Mitarbeiterinnen und Mitarbeiter. Kaum sind Sie morgens hinter Ihrer Bürotür verschwunden, da fragen sich die Menschen in Ihrem Team unter einander: „Und, wie ist er / sie heute drauf?" Sie sind der Klima-Macher. Wenn Sie gut gelaunt erscheinen, können Sie sicher sein, dass Ihr Team ebenfalls entspannt und positiver Stimmung ist. Sind Sie hingegen hektisch, nervös und gestresst, so stecken Sie auch damit Ihr Team an. An diesem Beispiel wird deutlich, was die Basis gesunder Führung ist: Der gesunde Umgang mit sich selbst.

Führung kann krank machen

Wie Führung krank machen kann, haben viele Menschen schon am eigenen Leib erfahren (einige Studien dazu lernen Sie im Seminar kennen) – ein paar Beispiele sehen Sie in der Übersicht. Die dargestellten Führungsverhaltensweisen steigern beispielsweise die Anspannung und den Blutdruck, erhöhen die Auftretenshäufigkeit psychosomatischer Beschwerden, reduzieren das Selbstwertgefühl, hemmen Kreativität und erhöhen die Fehler- und Unfallhäufigkeit. Das Resultat: Frustration, Krankheit, Abwesenheit.

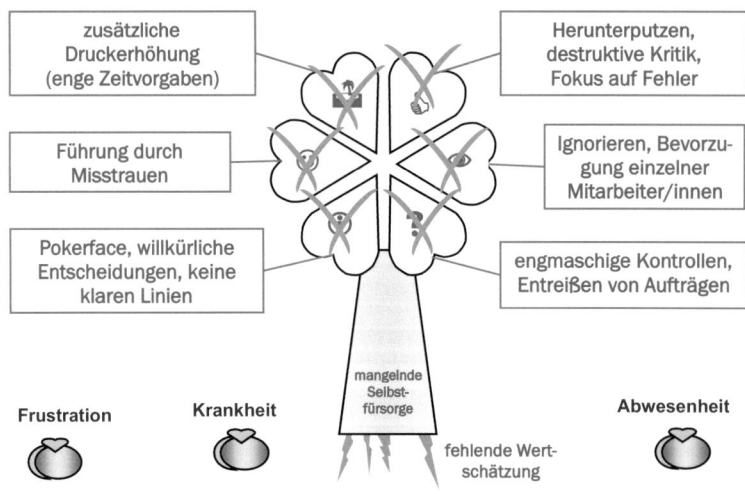

Abbildung 1: Die 6+1 Dimensionen krank-machender Führung in der Übersicht
(aus: „GESUND FÜHREN. Das Handbuch für schwierige Situationen", 2. Aufl. 2018, S. 16)

Gesund führen =

dafür sorgen, dass sich alle - Führungskraft inbegriffen – am Arbeitsplatz wohler fühlen; primärer Ansatzpunkt ist das zwischenmenschliche Wohlbefinden

In dieser Veranstaltung soll es vor allem um das Gegenteil gehen, nämlich um die salutogen (gesundheitsfördernd) ausgerichtete Frage: Wie kann Führung zur Verbesserung der Gesundheit beitragen?

A.4 Welchen Einfluss haben Sie auf die Anwesenheit Ihrer Leute?

do care!

Glauben Sie, dass Sie als Führungskraft Einfluss haben auf die Anwesenheitsquote?

☐ ja   ☐ nein

In dem Cartoon wird es angedeutet: Es gibt häufig einen Zusammenhang zwischen Führung und Anwesenheit. Aber der ist selten eindeutig. Denn kein Mensch ist zu einem Zeitpunkt 100 % gesund oder 100% krank; man befindet sich immer auf einer Skala zwischen diesen beiden Polen (und da fällt auch die Bettkanten-Entscheidung!). Die gesunden Anteile kann man fördern und damit die Anwesenheit und Arbeitsfähigkeit erhöhen. Und zwar zu jedem Zeitpunkt.

Tipp:
www.fehlzeiten-reduzieren.de

Denken Sie zum Beispiel an das Eisberg-Modell, die VW-Studie und die Untersuchung des geva-Instituts. Welches Führungsverhalten ist geeignet, Menschen in Abwesenheit zu treiben? Und welches Verhalten sorgt dafür, dass Menschen gern im Betrieb erscheinen?

....

....

Sensibel hinschauen: ja! aber wenn Sie regelmäßig hinschauen: sich nicht quälen mit Selbstvorwürfen!

Wichtig ist, dass Sie als Führungskraft Ihr Verhalten dahingehend hinterfragen, ob es anwesenheitsförderlich ist. Aber sofern Sie dies regelmäßig tun (und Sie bekommen in dieser Veranstaltung noch ein Instrument an die Hand, das Ihnen dies erleichtert) und dennoch eine vergleichsweise niedrige Anwesenheitsquote in Ihrem Team haben, sollten Sie sich auch nicht mit Selbstvorwürfen martern: Es gibt auch noch andere Einflussfaktoren (Alter, psychische Erkrankung, Persönlichkeit, Biographie und Grundüberzeugungen des Mitarbeiters etc.). Die Folie dazu (s. rechts) werden Sie gleich noch im Seminar sehen (und dann auch gut lesen können ...).

Sonderbehandlung?!
– ja, aber für alle!

Wenn Sie diese Grundhaltung beachten, machen Sie eigentlich schon fast alles richtig: Ältere Beschäftigte wollen keine Sonderbehandlung, aber Respekt, Wertschätzung und Sinn in der Arbeit sind ihnen noch ein bisschen wichtiger als den jüngeren – die brauchen das aber auch! Sie sollten individuelle Pausengestaltung ermöglichen (auch Kurzpausen zwischendurch!) und eigenständige Arbeitsgestaltung.

Kurzpausen,
Eigenständigkeit und
Fortbildung
ermöglichen!

Quasi das Wichtigste bei allem: Hinterfragen Sie Ihr eigenes Bild vom Älterwerden! Ist es für Sie schon selbstverständlich, dass Älterwerden im Betrieb mit einem Qualifikationswandel (mehr Erfahrung, Vernetzung, Übersicht, Wissen über Fehler/ Lösungen) und nicht mit einem -abbau einhergeht? Ermöglichen Sie Fort- und Weiterbildung auch für ältere Beschäftigte? Setzen Sie jeden nach seinen Stärken ein? Dann sind Sie schon auf dem richtigen Weg!

LESETIPP:
„Gesund führen heute.
Den demograp hischen Wandel im Betrieb gestalten"
Die Broschüre ist kostenlos als Download erhältlich unter:
www.tk.de

Wertschätzung
hält fit

Johani Ilmarinen konnte in seiner Längsschnittstudie über 11 Jahre zeigen: Die Arbeitsfähigkeit von Menschen zwischen 51 und 62 Jahren lässt sich durch wertschätzendes Verhalten des direkten Vorgesetzten signifikant erhöhen – und zwar noch wesentlich stärker als durch Ergonomie oder individuelles Gesundheitsverhalten!

A.6   Warum sind psychische Erkrankungen auf dem Vormarsch?

Egal welche Krankenkasse man fragt: Psychische Erkrankungen sind die Diagnose, die überall am stärksten zulegt (und schon heute der häufigste Grund für Frühberentungen).

Wie erklären Sie sich das? Sind wir alle „ga-ga" geworden? Oder Sensibelchen?

....

....

Wenn das Kamel unter der Last zusammenbricht, ist es müßig darüber zu diskutieren, ob das Kamel zu schwach war oder die Last zu schwer ...

Für alle akuten psychischen Erkrankungen gilt:

- Die Arbeitsfähigkeit ist eingeschränkt, auch wenn der Mensch anwesend ist.
- Die Arbeitsunfähigkeit dauert in der Regel lang.
- Sie als Führungskraft können schwer planen, wann der Mensch wieder wie fit ist.

Gerade in Zeiten des demographischen Wandels und des Fachkräftemangels kann ein Betrieb es sich nicht mehr erlauben, nur die Jungen, Starken und Stabilen zu beschäftigen – wir müssen es schaffen, die, die wir haben, stark und fit zu machen!

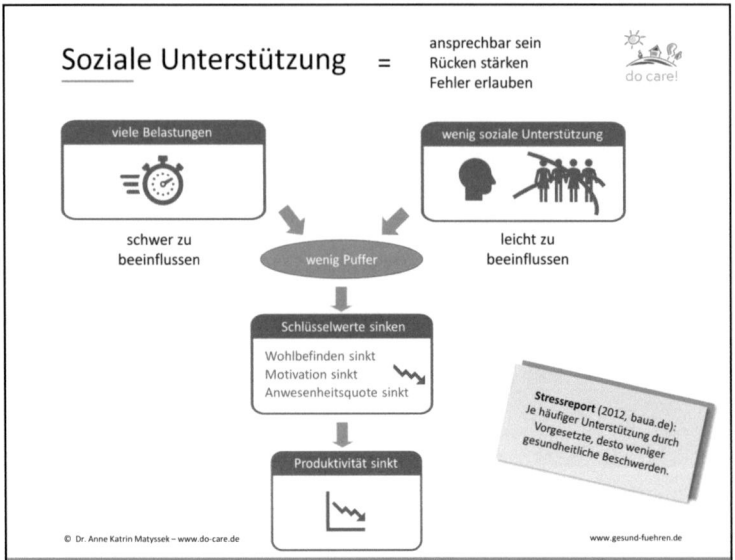

ansprechbar sein,
Rücken stärken,
Fehler erlauben

Soziale Unterstützung ist ein optimaler Belastungspuffer. Der Stress ist zwar noch da, aber er wird nicht mehr als so belastend empfunden. Eine Studie der Bertelsmann-Stiftung ergab, dass soziale Unterstützung durch Vorgesetzte sogar zur Burnout-Prävention geeignet ist. Und eine Untersuchung der BKK zeigt, dass sie die Auftretenshäufigkeit psychosomatischer Erkrankungen reduziert. Dabei ist soziale Unterstützung nichts Besonderes.

Soziale Unterstützung geben – das heißt:

Welche dieser Verhaltens-
weisen haben Sie in der
letzten Woche gezeigt?
(ankringeln oder ergänzen)

....

....

....

- ansprechbar sein, ein offenes Ohr haben
- dem anderen den Rücken stärken („wir schaffen das!")
- sich gegenseitig Trost zusprechen („es sind krasse Zeiten!")
- an Erfolge zu erinnern („du hast schon ganz anderes geschafft")
- einander Fehler zu verzeihen („das kann doch mal passieren")
- den Mitarbeiter vor dem Kunden in Schutz nehmen
- Mitarbeitende vor anderen Hierarchieebenen in Schutz nehmen
- und natürlich, falls möglich, praktische Hilfe leisten

ZUSAMMENFASSUNG von Kapitel A.1 bis A.7:

- -

☑ Gesund führen bedeutet nicht: Mehrarbeit. Aber der Aufmerksamkeitsfokus liegt auch auf Gesundheit.

☑ Gesundheit ist mehr als körperliches Funktionieren, auch Psyche + Zwischenmenschliches zählen dazu.

☑ Gesund führen heißt nicht: sportliche Höchstleistungen durch Führungskräfte oder Missionieren, sondern: zwischenmenschliches Wohlbefinden fördern.

☑ Studien belegen Zusammenhänge zwischen Führungsverhalten und Anwesenheit sowie Gesundheit.

Fragen zur Bearbeitung und Vertiefung der Fall-Beispiele:

Wie erklären Sie sich das Verhalten des Vorgesetzten?

....

....

Was wäre in diesem Fall gesundheitsgerechtes Führungsverhalten?

....

....

....

Welchen Oberbegriff und welches Symbol können Sie für das wünschenswerte gesundheits-
gerechte Führungsverhalten finden?

*Hier können Sie sich
künstlerisch betätigen und
Ihr Symbol „üben" – bitte
lassen Sie Ihrer Kreativität
freien Lauf und nehmen
Sie KEIN Symbol und
keinen Oberbegriff von der
Pinwand!*
☺

....

Zu welcher Dimension passt Ihre Karte am besten?
(die Bezeichnungen der Dimensionen oder die jeweils wichtigsten Schlagworte dazu können Sie selber eintragen)

....

Gesund führen – sich und andere!

Eine Übersicht über den Aufbau des Seminarkonzepts

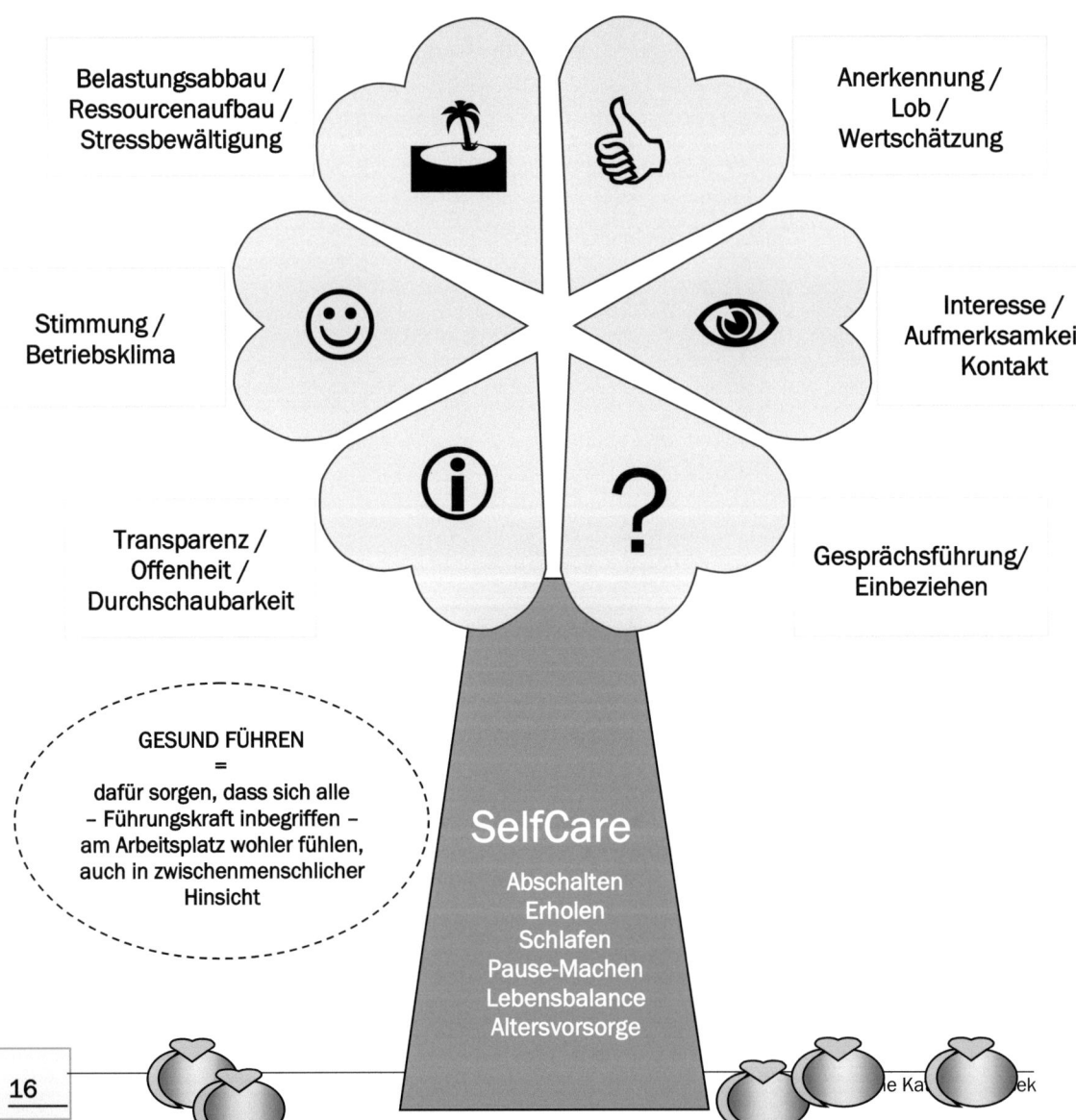

Belastungsabbau /
Ressourcenaufbau /
Stressbewältigung

Anerkennung /
Lob /
Wertschätzung

Stimmung /
Betriebsklima

Interesse /
Aufmerksamkeit
Kontakt

Transparenz /
Offenheit /
Durchschaubarkeit

Gesprächsführung/
Einbeziehen

GESUND FÜHREN
=
dafür sorgen, dass sich alle
– Führungskraft inbegriffen –
am Arbeitsplatz wohler fühlen,
auch in zwischenmenschlicher
Hinsicht

SelfCare

Abschalten
Erholen
Schlafen
Pause-Machen
Lebensbalance
Altersvorsorge

SelfCare
als Basis
gesundheitsgerechter
Führung

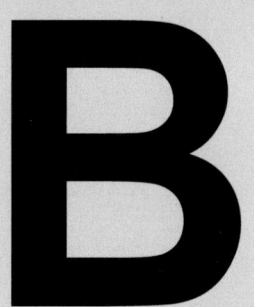

B.1 Wie steht's um Ihre Lebensbalance?

Hinweis: im Seminar geht es jetzt weiter mit den Seiten 24-28

Als Führungskraft müssen Sie ständig jonglieren mit verschiedenen Bedürfnisinstanzen. Alle wollen etwas von Ihnen. Und Sie müssen schauen, dass Sie alle Instanzen in einer gesunden Balance halten. Wenn „Führung" für Sie mehr als nur „ein Job" ist, plagt Sie vermutlich häufig ein schlechtes Gewissen.

Schließlich wollen Sie es allen Recht machen.

Das aber ist ein Ding der Unmöglichkeit. Vor diesem Hintergrund macht es Sinn, ab und zu (zum Beispiel einmal pro Quartal) zu überlegen, ob das Leben noch in Balance ist. Ob jede Instanz zu ihrem Recht kommt und keine vernachlässigt wird.

Welche Bedürfnisinstanz lassen Sie in Ihrem alltäglichen Leben als erstes hintenüber fallen? Wo machen Sie am ehesten Abstriche?

....

Was kann passieren, wenn Sie diese Instanz dauerhaft vernachlässigen?

....

....

Wer ist der wichtigste Mensch in Ihrem Leben?

....

Und wie zeigen Sie dem das?

....

> Ein Mensch, der zu beschäftigt ist, sich um seine Gesundheit zu kümmern,
>
> ist wie ein Handwerker, der keine Zeit hat, seine Werkzeuge zu pflegen.
>
> Spanisches Sprichwort

B.2 Wie können Sie besser abschalten nach Feierabend?

 Abschalten / Umschalten
- bewährte Tipps von Kollegen -

- **im Büro**
  - Rückschau, Plan, Stapel, Listen, Selbstlob

- **beim Abschließen / beim Auschecken**
  - Entspannungsbild (Urlaub), Schultern loslassen, ausatmen, Musik

- **im Auto / auf der Heimfahrt**
  - Entspannungsübung, laute Musik, Bild des Sich-Entfernens, Landschaftswechsel bewusst wahrnehmen, sich aufs Zuhause freuen

- **zu Hause**
  - umziehen, Bad, Kaffee, Austausch, Kinder, Hund, Entspannen, Joggen

Im Prinzip ist es völlig egal, *was* Sie machen. Wichtig ist, *dass* Sie irgendetwas machen, und zwar jeden Tag dasselbe "**Ritual**" – für mindestens drei Wochen ohne Ausnahme(Arbeits-)tage. Nur so kann die gewählte Tätigkeit wirklich zum Signalreiz für „Umschalten" werden.

© Dr. Anne Katrin Matyssek – www.do-care.de   www.gesund-fuehren.de

*je älter wir werden,
desto mehr müssen wir aktiv
fürs Abschalten tun*

Es ist wichtig, dass Sie das Thema „Abschalten" Ernst nehmen. Denn die Erholungsfähigkeit geht mit dem Alter verloren: Wir brauchen immer länger, um den Akku wieder aufzuladen.

Aber das kann man zum Glück trainieren! Die folgenden Tipps helfen dabei:

---

9 Tipps zum leichteren Abschalten:

1. Fangen Sie mit dem Abschalten noch am Arbeitsplatz an! Gehen Sie noch am Arbeitsplatz in Gedanken den Tag durch: Was war heute? Setzen Sie Haken auf Ihre Erledigungsliste, das gibt ein Gefühl von Befriedigung.

2. Etablieren Sie ein Tagesabschluss-Ritual, das Ihrer Psyche signalisiert: Feierabend! (z.B. Kaffeepott waschen, Schreibtisch aufräumen, Mülleimer leeren)!

3. Suchen Sie sich einen Schlüsselreiz: Denken Sie jedes Mal beim Abschließen „Puuh, Feierabend!", dabei atmen Sie aus!

4. Erstellen Sie noch am Arbeitsplatz eine Liste für den nächsten Tag!

5. Wenn Ihnen später am Tag noch etwas zur Arbeit einfällt: Aufschreiben! Nicht im Kopf mit sich herumschleppen.

6. Leben Sie mit dem Gedanken, dass Sie nicht jede Arbeit vor Feierabend zu Ende bringen können. Machen Sie sich einen Vermerk, was als nächstes zu tun ist!

7. Vermeiden Sie Multitasking. Versuchen Sie, sich jeweils nur auf die Sache zu konzentrieren, die Sie jetzt gerade machen.

8. Sorgen Sie daheim für eine kurze Zeit von Reizarmut: 3 Minuten lang kein TV, kein Radio, kein Gespräch, nur das Tomatenbrot und Sie. Das hilft, Gedanken zu ordnen.

9. Tauschen Sie sich mit dem Partner über den Tag aus – aber nur für eine begrenzte Zeit, z.B. bis zum Aufstehen vom Abendbrottisch; danach sollten Sie gegenseitig nichts mehr von der Arbeit berichten, sonst nehmen Sie sie noch mit ins Bett. Und dann machen Sie bewusst etwas anderes!

*die „blaue Stunde"
positiv gestalten!*

*nachts aufwachen
ist normal!*

Es ist ein Teufelskreis: Wer nicht gut schläft, ist morgens nicht erholt; wer nicht erholt ist, macht mehr Fehler und braucht länger für die Arbeit; wer viel arbeitet, braucht viel Schlaf und Erholung usw. Damit es nicht soweit kommt – und eine Abwärts-Spirale in Gang gesetzt wird – sollten Sie frühzeitig gegensteuern.

Schlaf mag Regelmäßigkeit! Achten Sie also darauf, dass Sie vorm Schlafengehen in immer derselben Reihenfolge mit dem Hund gehen, die Haustür abschließen, nach den Kindern sehen, eine Tasse Tee trinken, sich umziehen, waschen, zu Bett gehen. Das erleichtert Ihnen das Umschalten aufs Einschlafen (die Psyche bekommt quasi das Signal: „hey, jetzt geht sie gleich Schlafen"), und es gibt Halt in Zeiten von Veränderungen.

Insbesondere die Stunde vor dem Zubettgehen sollten Sie selbstwert-freundlich gestalten, wenn Sie sich einen erholsamen Schlaf wün-schen. Keine sechs Leichen im TV oder sinkenden Aktienkurse oder Kriegsgeschichten in dieser Stunde. Stattdessen bildlich gesprochen Rosamunde Pilcher … Irgendwas, das Ihre Seele beruhigt. Eine Stunde vor dem Schlafen sollten Sie außerhalb des Schlafzimmers noch mal in Gedanken – besser mit Papier und Stift – den Tag durchgehen. Am Schluss legen Sie den Zettel beiseite und gönnen Sie sich ein Ein-schlafritual wie die heiße Milch oder ein Fußbad.

Und wenn Sie nachts aufwachen, sagen Sie sich – statt in Grübelge-danken zu verfallen –, dass das ganz normal ist (passiert bis zu 30mal pro Nacht, sagt Deutschlands Schlafpapst Professor Zulley). Norma-lerweise merken wir es bloß nicht, weil wir innerhalb von drei Minuten wieder einschlafen und uns dann später nicht mehr daran erinnern können. Also drehen sie sich einfach wieder um auf die andere Seite und kuscheln sich richtig schön in die Kissen.

7 Tipps zum besseren Schlafen:

1.   für Zeit zum Umschalten aufs „Schlafprogramm" sorgen
2.   für Regelmäßigkeit durch Rituale und feste Zeiten sorgen
3.   für Ruhe sorgen (Ohrstöpsel?)
4.   für Dunkelheit sorgen
5.   im Schlafzimmer: nichts als Schlafsachen (kein Fernseher!)
6.   im Bett nichts außer Schlafen und Sex! keine Katze, kein Hund
7.   bei Grübel-Attacken raus aus dem Bett und: aufschreiben!

Diese Tipps gelten für Schlafgestörte (und für die, die unter Abschalt-problemen leiden). Falls Sie gut schlafen können, dürfen Sie natürlich in Ihrem Schlafzimmer tun und lassen, was Sie wollen … ☺

Ich weiß genau, was ich tun will und was meine Ziele sind.	☐
Ich weiß genau, was ich nicht mehr tun will.	☐
Ich kann begründen, warum ich etwas nicht mehr tun will.	☐
Ich kann diese Gründe verteidigen.	☐
Ich nehme ein schlechtes Gewissen „als Preis" in Kauf.	☐
Ich bleibe stark (statt mich doch rumkriegen zu lassen).	☐
Ich gönne mir eine Überlegungsfrist bei Ansprüchen anderer.	☐
Ich kalkuliere ein, dass die anderen über mein NEIN empört sind.	☐

aus: „Mensch, sag' doch mal NEIN!" (Buch von Anne Katrin Matyssek; im Buchhandel für 5,00 € in D)

Nein-Sagen ist wichtig für Ihre Gesundheit! Wenn Sie in diesem Leben Ihre Ziele erreichen wollen, müssen Sie lernen, Nein zu sagen zu überhöhten Ansprüchen anderer Menschen. Menschen lernen ja aus ihren Erfahrungen.

Wenn Ihre Kollegen die Erfahrung machen „Die Schmidtke nimmt mir Arbeit ab, wenn ich nur lange genug quengele", dann merken sie sich das und probieren es beim nächsten Mal wieder.

Und falls Sie beim nächsten Mal doch wagen, Nein zu sagen, müssen Sie damit rechnen, ein empörtes „Früher waren Sie ganz anders!" zu hören. Trotzdem sollten Sie es tun. Ihrer Gesundheit zuliebe. Ihrer Partnerschaft zuliebe. Und überhaupt sich selber zuliebe. Schließlich haben Sie ein eigenes Leben, eine eigene Arbeit, genug zu tun.

Andere machen es SICH leicht und IHNEN schwer, wenn sie Sie um „nur mal eben einen kleinen" Gefallen bitten. Das muss keine böse Absicht sein. Aber es ist sinnvoll und gesund, dass Sie bei dem Spiel nicht mitmachen. Testen Sie mal, wie gut Sie Nein-Sagen können!

Der Text dieser Seite ist entnommen aus:

„Mensch, sag' doch mal NEIN!"

*für 5,00 €
im Buchhandel erhältlich
(ISBN: 978-3-8391-2399-7)*

In dem Heft finden Sie auch Tipps gegen das schlechte Gewissen.

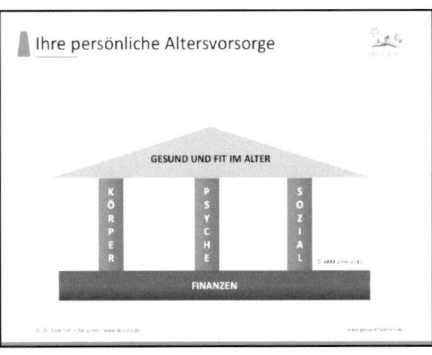

Manchen hilft beim NEIN-Sagen auch der Gedanke an die persönliche Altersvorsorge: „Jeder Sport-Termin, jede Spanisch-Stunde und jedes Freunde-Treffen HEUTE ist ein Baustein für mein gesundes und fittes Alt-Sein SPÄTER!"

Vorbild sein beim „Mit-sich-selbst-gut-Umgehen"!

Mittagspause machen, keine Arbeit am Wochenende, Handy aus im Urlaub und am Feierabend, keine eMails nach 20 Uhr oder am Wochenende – all das gehört dazu!

SCHLECHT BEHANDELT ?!?!!
SIE SOLLTEN ERST MAL SEHEN,
WIE ICH MIT MIR SELBST UMGEHE!!!

gute Pause:

- woANDERS sein
- was ANDERES tun
- was ANDERES denken

= 3x Distanzierung

Seien Sie Vorbild auch beim Pause-Machen! Gönnen Sie sich 5-6mal täglich für 10 Sekunden eine Kurz-Pause! Zum „Urlaub-Machen", zum Foto-Gucken, zum Durchatmen. Egal, was Sie machen: Hauptsache, Sie konzentrieren sich kurz auf etwas anderes. Am besten konzentrieren Sie sich auf bestimmte Sinneswahrnehmungen (Glas Wasser in der Hand, im Mund – wir trinken eh viel zu wenig). Natürlich sollen Sie zusätzlich Mittags- und Kaffeepausen machen, um den Akku wieder aufzuladen. Eine Pause ist dann eine gute Pause, wenn sie ein echtes KONTRASTERLEBNIS darstellt. Wenn Sie also etwas ANDERES machen als arbeiten (also nicht am PC hocken etc.).

Welche dieser Tipps wollen Sie ab morgen in 4 Tagen noch stärker beachten? (ankringeln oder ergänzen)

....

....

....

....

Gesunder Umgang mit sich selbst

do care!

SelfCare (nicht nur) für Führungskräfte

▪ Nehmen Sie sich täglich eine Minute für sich (Denk-Auszeit)!

▪ Sprechen Sie sich selbst Anerkennung aus!

▪ Nehmen/ Halten Sie Abstand in arbeitsfreien Intervallen!

▪ Werden Sie Belastungen „los" (z.B. Aufschreiben)!

▪ Achten Sie auf Ihre Grenzen – weil Sie es (sich) wert sind ...

   ▪ kann heißen: NEIN sagen! („Es ist nicht gegen Sie – es ist für mich")

▪ Suchen Sie den Austausch mit anderen!

© Dr. Anne Katrin Matyssek – www.co-care.de   www.gesund-fuehren.de

6 Dimensionen
gesundheitsgerechter Führung

Sind Sie eigentlich ein Stressor oder eine Ressource für Ihre Mitarbeitenden? Als Führungskraft können Sie den Druck weiter erhöhen (durch enge Kontrollen, knappe Zeitvorgaben, mehr Kritik als Anerkennung, einen kühlen oder aggressiven Tonfall). Und Sie können Ressource sein, zum Beispiel, indem Sie soziale Unterstützung geben.

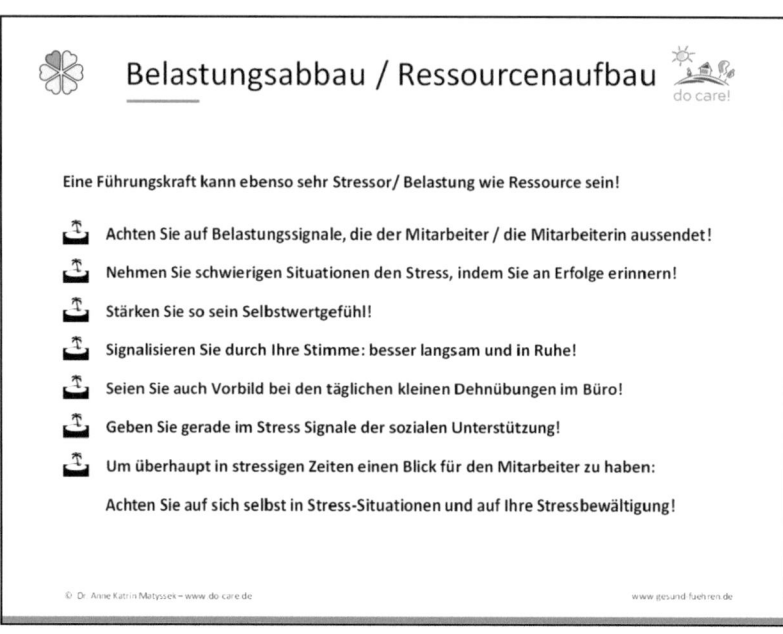

Etwas hinstellen – das ist nicht schlecht! Immerhin signalisieren Sie damit: „Mir ist wichtig, dass Sie sich hier wohlfühlen; immerhin verbringen Sie hier 8 Stunden des Tages." Allerdings wird die Wirkung wohl kaum so linear erfolgen, wie der Herr hier es sich vorstellt ...

Welche Tipps wollen Sie noch stärker berücksichtigen? (ankringeln oder ergänzen)

....

....

....

zu C.1: An welchen Signalen erkennen Sie Überlastungen?

do care!

Überlastungssignale zeigen sich auf 3 Ebenen (auch bei Ihnen). Notieren Sie, welche Symptome Ihnen zu welcher Ebene einfallen!

Körperliche Signale (Aussehen, Erscheinungsbild):

....

....

Achten Sie in den nächsten 2 Wochen darauf, welche/r Mitarbeiter/in zu welchen Stress-Signalen neigt!

Mentale Signale (Gedanken und Gefühle):

....

....

Suchen Sie sich 2 oder 3 Signale aus, auf die Sie bislang nicht stark geachtet haben, um sie zukünftig nicht zu übersehen

Verhaltensbezogene Signale (Sozialverhalten, Gesundheitsverhalten, Leistungsverhalten):

....

....

Entscheidend ist nicht EIN Signal als solches. Entscheidend ist, dass man VERÄNDERUNGEN wahrnimmt (dazu muss man vorher schon hingeschaut haben) und dann mutig anspricht – wie, das erfahren Sie in Kapitel C.3.

Voraussetzung, um bei Mitarbeitenden solche Veränderungen erkennen zu können, ist: Dass man sich selbst gut kennt und auch die eigenen Überlastungssignale gut einordnen kann.

Verändert sich Ihr Führungsverhalten, wenn Sie im Stress sind? Testen Sie mal! Entscheiden Sie sich zwischen rechts und links, auch wenn beide Seiten keine eindeutigen Gegensätze darstellen. Was ist am ehesten typisch für Sie?

❏	delegieren Sie dann eher weniger	oder	eher mehr, um sich selbst zu entlasten? ❏
❏	verzichten Sie dann auf Ihre kleinen Ausgleichsübungen (Recken, Strecken, Dehnen zwischendurch)	oder	denken Sie dann daran, dass es in solchen Momenten umso wichtiger ist, Verspannungen vorzubeugen? ❏
❏	wird Ihre Mimik dann schon einmal starr, fest, unbeweglich	oder	haben Sie auch dann öfter ein Lächeln auf den Lippen? ❏
❏	leidet dann der Umgangston schon einmal	oder	bleiben Sie auch dann höflich und freundlich? ❏
❏	denken Sie dann "Gute Arbeit ist selbstverständlich (dafür werden meine Leute ja bezahlt)"	oder	ist Ihnen immer bewusst, dass positives Feedback gerade in stressigen Zeiten die nötige Sicherheit für gute Leistungen gibt? ❏
❏	ist Ihnen dann egal, was Sie essen,	oder	achten Sie dann erst recht auf eine gesunde Ernährung? ❏
❏	sind Ihnen dann Sicherheitsvorschriften schon einmal egal	oder	folgen Sie auch dann dem Prinzip "Sicherheit hat Vorrang"? ❏
❏	neigen Sie dann schon mal dazu, wichtige Vorgänge, die Sie bereits delegiert haben, wieder an sich zu reißen,	oder	haben Sie dennoch das Vertrauen, dass Ihre Mitarbeiter ihren Job schon gut machen werden? ❏
❏	arbeiten Sie dann zu 100% aufgaben- und sach-orientiert	oder	achten Sie weiterhin auf das Wohlbefinden Ihrer Mitarbeiter? ❏
❏	versuchen Sie dann abends, einfach nur zu vergessen und abzuschalten	oder	gönnen Sie sich (und manchmal auch Ihrem Team?) etwas Gutes? ❏

Verwenden Sie den Fragebogen als Instrument zur Selbstreflexion: Gibt es irgendwo Baustellen? Verhaltensweisen, die Sie lieber verändern möchten? Bei denen Sie einen anderen Anspruch an sich selbst haben.

Kleiner Trost: Solange Sie es (wenigstens im Nachhinein) kommunizieren oder sich entschuldigen, verzeihen Ihre Mitarbeiter Ihnen (fast) alles.

do care!

Tauschen Sie sich zu zweit darüber aus: Welche der Punkte aus dem Fragebogen sind typisch für Sie? Wo haben Sie sich also quasi wieder erkannt? Vielleicht gibt es noch weitere Symptome, die typisch für Sie sind – die können Sie gern ergänzen.

....

....

Zweitens interessiert uns alle die Frage: Wie verhindern Sie, dass Ihr Stress andere ansteckt? Stress ist ja wie ein Virus: Wenn Sie als Führungskraft gestresst sind, ist die Gefahr groß, dass Sie Ihren Stress weitergeben – wie schaffen Sie es, das zu verhindern?

....

....

Was nehmen Sie mit aus der Gruppen-Diskussion? Welche Tipps können Sie von anderen „abgucken" (dient ja einem guten Zweck)?

....

....

Und wie lautet das Zauberwort zur Stressbewältigung? Was müssen Sie gewinnen oder schaffen?

....

LESE- und e-LEARNING-TIPP:
„Kein Stress mit dem Stress! – Eine Handlungshilfe für Führungskräfte"
„eLearning-Tool für Führungskräfte" (digitaler Leitfaden)

Alle Materialien sindkostenlos als Download erhältlich unter:
www.psyga.info/unsere-angebote

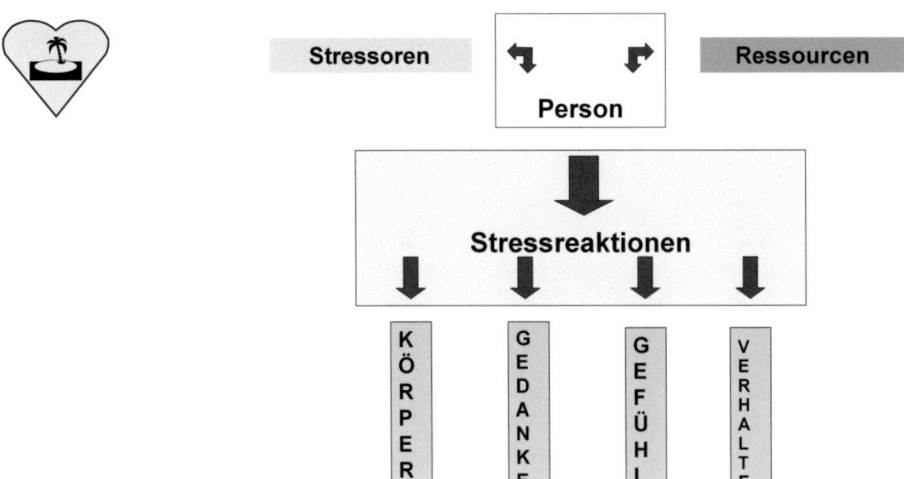

Wie man Stress definieren kann, erfahren Sie im Seminar. Egal, was genau man darunter versteht: Die Stressoren sind zum Glück immer nur die Hälfte der Wahrheit. Mindestens genau so wichtig ist deren Gegengewicht: die Ressourcen. Wer sich eine Sache zutraut, eine starke Persönlichkeit hat, sich fit und gut unterstützt oder sich aus anderen Gründen dem Stress gewachsen fühlt, der erlebt subjektiv deutlich weniger Belastungen als jemand, dem diese Ressourcen fehlen.

Der wichtigste Tipp ist das Führen des Selbstbeobachtungsbogen, der allein schon das Belastungsempfinden reduziert (garantiert!). Darauf aufbauend sollte Ihr Stressbewältigungsrepertoire Maßnahmen auf allen Ebenen umfassen.

Heute schon „Mini-Urlaub" gemacht?

Hinweis: im Seminar geht es jetzt weiter mit den Seiten 18-22

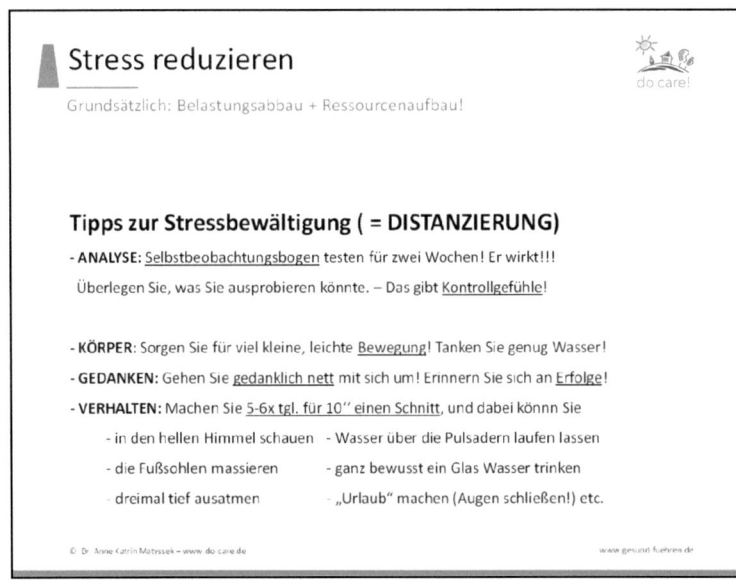

Geben Sie eigentlich genug Anerkennung? Einfach mal aus dem Bauch heraus geschätzt, ohne die Frage zu hinterfragen oder über das „genug" zu diskutieren. Und bekommen Sie genug Anerkennung?

❑   ich gebe genug Anerkennung
❑   ich bekomme genug Anerkennung

Viele Führungskräfte empfinden sich als „unterversorgt" in Sachen Anerkennung. Sie sollen anderen Anerkennung schenken, erhalten ihrerseits aber nicht viel davon. Sie fühlen sich allein, so wie er hier:

Mangelversorgung in Sachen Anerkennung

Welche Gründe für Anerkennungsgeiz kennen Sie?

....

*Gründe,
die in Ihnen selber liegen
(Befürchtungen etc.)*

....

Bei wem fällt es Ihnen leicht, Anerkennung zu geben, und bei wem nicht? Warum?

....

*Gründe,
die im Gegenüber liegen*

....

© Anne Katrin Matyssek

Auch in Ihrem beruflichen Leben spielt die Anerkennung durch andere (Vorgesetzte, Kunden, Mitarbeiter) vermutlich eine wichtige Rolle. Versuchen Sie einmal, sich zu erinnern, auch wenn Sie dabei vielleicht weit zurückdenken müssen:

Was war die größte / eine große Anerkennung in Ihrem bisherigen Berufsleben?

....

....

....

Und wie hat die auf Sie gewirkt?

....

....

Glauben Sie, dass Anerkennung ein Gesundheitsfaktor ist? wieso?

....

....

Falls Sie das Thema „Anerkennung / Wertschätzung" vertiefen möchten, empfehle ich Ihnen „Wertschätzung im Betrieb. Impulse für eine gesündere Unternehmenskultur". Informationen darüber finden Sie unter www.wertschaetzung-im-betrieb.de. Es beinhaltet ein Vortragskonzept, 2 Seminar-Konzepte sowie ein Multiplikatoren-Konzept (incl. Veranstaltungsabläufen, Folien im Web, Materialien etc.) und wird ergänzt durch das Begleitheft „Gut, dass Sie da sind!" (beides im Buchhandel erhältlich).

zu C.2: Wertschätzung als Gesundheits- und Produktivitätsfaktor

Anerkennung ist der Oberbegriff für Wertschätzung und Lob. Er beinhaltet eine positiv gefärbte Form der Wahrnehmung oder Zur-Kenntnis-Nahme (An-Er-Kennung).

Was ist Ihnen wichtiger: Lob oder Wertschätzung?

Welche Voraussetzungen muss ein Lob erfüllen, damit es wirklich angenommen werden kann?

es gibt noch mehr Wörter als „gut" ☺

....

....

Woran macht sich Wertschätzung fest? Was wünschen sich Beschäftigte in Sachen Wertschätzung von ihrer Führungskraft?

....

....

Anerkennung reduziert das Risiko für Herz-Kreislauf-Erkrankungen (Siegrist); sie senkt das Depressionsrisiko (Hawkins); sie verbessert die Arbeitsfähigkeit Älterer (Ilmarinen); sie entspannt auf muskulärer Ebene, das Vertrauenshormon Oxytozin wird freigesetzt, ebenso das Leistungshormon Dopamin, sie steigert Wohlbefinden und Motivation.

Je mehr sich jemand als Person wertgeschätzt fühlt, desto geringer ist die Gefahr, dass ein Kritikgespräch eskaliert. Wertschätzung fungiert quasi wie ein Puffer. Sie sorgt dafür, dass der Mensch sich nicht als Person angegriffen fühlt. So bleibt sein Kopf klar (statt impulsartig Gegenwehr aufzufahren) und seine Haltung offen für die geäußerten Veränderungswünsche.

Wertschätzung erleichtert Kritikgespräche

Sie wollen verhindern, dass man Sie für einen Schleimer hält? Hierzu gibt es konkrete Tipps (also keine Ausrede mehr ...):

➢ Sprechen Sie Dank für den Einsatz aus! Damit zeigen Sie, dass Sie das Engagement des Mitarbeiters gesehen haben.
➢ Delegieren Sie Ihr Lob an den Mitarbeiter, indem Sie ihn fragen, wie zufrieden er mit seiner Leistung ist. Und wenn er herumdrucksend „nicht schlecht" oder „passt scho" über die Lippen bringt, nicken Sie lächelnd und bestätigen: „Ja, ich hab auch den Eindruck, das ist Ihnen prima gelungen, weil ..."
➢ Begründen Sie Ihr Lob. „Ham Se gut gemacht" ist sehr pauschal. Je konkreter, desto weniger schleimverdächtig ist Lob.
➢ Zeigen Sie, dass Sie Vertrauen haben (wichtige Aufgaben vergeben), und beziehen Sie Mitarbeiter bei Entscheidungen ein.

Welche von diesen Punkten könnten Sie ausprobieren? (ankringeln und ergänzen)

....

....

....

....

Diese Tipps sind entnommen aus dem Buch „Wertschätzung im Betrieb. Impulse für eine gesündere Unternehmenskultur".

Darin lesen Sie auch, was die Organisation tun kann und wie Sie Ihre (vielleicht nicht wertschätzende) Geschäftsleitung ins Boot holen

- Geben Sie großzügig und lächelnd, aber ohne emotionalen Überschwang, Bestätigung und positives Feedback!
- Sprechen Sie ausschließlich so über abwesende Dritte, dass diese auch dabei sein könnten.
- Sprechen Sie nach Möglichkeit überhaupt nur positiv über Ihre Führungskraft, Ihr Team, Ihre Kollegen, Ihren Betrieb (idealerweise sogar über die Kantine ...)!
- Beziehen Sie Position gegen Lästerei! Verhindern Sie Ausgrenzungen und ergreifen Sie im Zweifelsfall Partei für die Schwachen! Vermeiden Sie Informationsgefälle innerhalb des Teams.
- Verhindern Sie Grüppchenbildung, indem Sie abwechselnd zu allen Kontakt halten, beispielsweise in den Pausen. Gehen Sie mit jeder Gruppe mal zum Mittagessen
- Sehen Sie Unterschiedlichkeit als Stärke! Beziehen Sie Außenseiter bewusst mit ein. Fragen Sie sie nach ihrer Meinung, pflegen Sie den Kontakt.
- Machen Sie aus Ihrem Herzen keine Mördergrube! Seien Sie offen (geben Sie dabei einen Vertrauensvorschuss!) und berichten Sie den anderen, wie es Ihnen gerade geht.
- Trauen Sie den Mitarbeitenden etwas zu! Glauben Sie an einander, und gewähren Sie auch dabei einen Vertrauensvorschuss!
- Sprechen Sie Bauchgrummeln frühzeitig an. Besser, ein Konflikt wird offen ausgetragen, als dass er um des lieben Friedens willen unter den Teppich gekehrt wird und unerkannt schwelt.
- Lassen Sie Ihr Lächeln für Sie arbeiten ...!

Menschen wollen gesehen werden – als Leistungserbringer, aber auch als Person. Wie also können Sie als Führungskraft zeigen, dass Sie auch am Menschen im Mitarbeiter interessiert sind?

➢ Lernen Sie die Namen Ihrer Mitarbeitenden (bis mindestens 30 Leuten sollte das kein Problem sein). Man glaubt es nicht, aber das ist noch längst nicht für alle Führungskräfte selbstverständlich ...
➢ Gratulieren Sie zum Geburtstag und zu Jubiläen (persönlich, nicht schriftlich – und wenn, dann allen!).
➢ Stellen Sie Fragen, statt nur Anweisungen zu geben: Woran arbeitet derjenige gerade? Wie kommt er voran?
➢ Fragen Sie den Mitarbeiter nach seiner Meinung, auch bei Themen, die nicht unbedingt mit der Arbeit zu tun haben (z.B. zur Fußball-Bundesliga, zur Steuerreform, zum Wetter).
➢ Zeigen Sie bisweilen auch Interesse an privaten Belangen (ist die Tochter wieder gesund? Wie gefällt's dem Sohn auf der neuen Schule etc.)!
➢ Halten Sie Kontakt auch zu kranken Mitarbeitenden (Karte oder Anruf)! Zeigen Sie, dass Sie sich kümmern!

Führen Sie Willkommensgespräche nach jeder Abwesenheit (also auch nach Urlaub oder Fortbildung!) und mit allen Mitarbeitenden (also nicht nur mit Ihren Lieblingen oder nur mit Ihren Blaumacher-Verdachts-Kandidaten). Das kann – bei positiv bedingten Abwesenheiten – in 10 Sekunden erledigt sein ...

Tipps zum Umgang mit „Blaumacher-Verdachts-Kandidaten" finden Sie in den Büchern „Führung und Gesundheit" und „GESUND FÜHREN. Das Handbuch für schwierige Situationen"

1. „Schön, dass Sie wieder da sind, Herr / Frau ...." (immer)
2. „Hatte es mit der Arbeit zu tun? (nur bei Erkrankung)
3. „Ist noch Schonung nötig?" (nur bei Erkrankung)
4. „Das ist in der Zwischenzeit passiert" (immer)

So kommt das Gespräch raus aus der Tabuzone.

Fragen zu Ihrer ABC-Liste:

Welche 5 Aspekte finden Sie am wichtigsten?

....

Was hat Interesse / Aufmerksamkeit / Kontakt mit Gesundheit zu tun?
(die Auflösung finden Sie weiter hinten – bitte nicht spinxen! Spinxen ist unfair ...)

....

Wie lautet Ihr Fazit aus dem Rosenthalschen Rattenexperiment?

....

Welchen Anspruch haben Sie an sich und an Ihr Führungsverhalten, zum Beispiel wenn jemand neu in Ihr Team kommt, dem nicht der beste Ruf vorauseilt?

....

„Gut, dass Sie da sind!" – Das geht beim Top-Leister leicht über die Lippen. Diese Haltung fällt aber vielen Führungskräften schwer, sobald es sich um Mitarbeitende handelt, die häufige Kurzerkrankungen aufweisen oder Minderleistungen erbringen.

Wie ist das bei Ihnen?

....

....

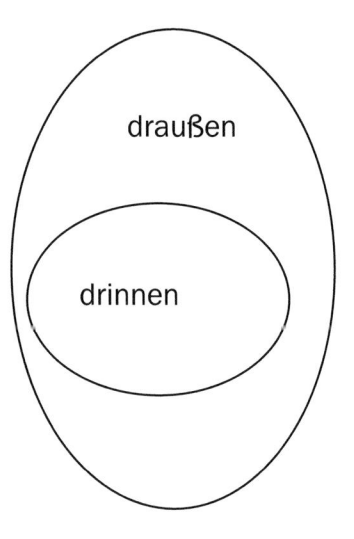

Viele Führungskräfte haben automatisch 2 Subgruppen im Kopf, sobald sie an ihr Team denken: eine Drinnen-Gruppe und eine Draußen-Gruppe (für Details fragen Sie Ihre Seminarleitung!). Wer ist bei Ihnen „drinnen" und wer „draußen"?

....

....

Wie lautet Ihr Fazit aus diesen Gedanken? Welchen Anspruch haben Sie an sich im Hinblick auf Leute des „Draußen-Teams"?

....

....

Ideen dieser Seite sind entnommen aus „Gut, das Sie da sind!",
dem Arbeitsheft für Veranstaltungen, die im Buch „Wertschätzung im Betrieb" beschrieben sind

*Unsicherheit
ist ansteckend*

Wer nicht weiß, woran er mit seinem Chef ist, reagiert verunsichert (in den meisten Fällen ist übrigens Verunsicherung der Führungskraft selber der Grund für ihr Pokerface – wer sich seiner selbst sicher ist, zeigt auch sein Gesicht).

Auch Fehler zuzugeben ist Ausdruck von Offenheit. Es macht Führungskräfte sympathisch und fördert die Offenheit (und zugleich die Fehlerkultur im Team!). Trotzdem kommt es erschreckend selten vor, dass Führungskräfte Fehler eingestehen und sich entschuldigen. Sie fürchten eine Schwächung ihrer Position, dabei wäre die Folge eine Stärkung des Ansehens!

*Fehler zugeben
macht sympathisch*

Schwache Führungskräfte fürchten, sie würden sich angreifbar machen, wenn sie Persönliches oder gar Schwächen oder Unsicherheit zugeben. Starke Vorgesetzte hingegen wissen, dass kleine Informationen über persönliche Meinungen oder Aktivitäten die Führungsbeziehung festigen. Sie geben nämlich damit einen Vertrauensvorschuss und zugleich das Signal: „Ich habe keine Angst."

*nur der Starke
hat den Mut,
Schwächen zuzugeben*

Wie können Sie sich berechenbar und durchschaubar machen?
- Lassen Sie die Leute nicht raten, was Sie denken. Beziehen Sie Position, auch gegenüber Verordnungen von „oben".
- Verzichten Sie aufs Pokerface und auf Ironie und zeigen Sie Emotionen. Sie dürfen ruhig auch sagen, wenn Sie sich mal unsicher fühlen.
- Verzichten Sie – insbesondere in Zeiten von Umstrukturierungen – auf Wissensvorsprung. Auch die Information „es ist noch keine Entscheidung gefallen" ist eine Information.
- Erzählen Sie auch von sich. Nicht wirklich intime Dinge, aber zum Beispiel, welchen Kinofilm Sie gut finden oder ähnliches.
- Informieren Sie alle gleichzeitig und zeitnah, auch über Firmen-Entscheidungen (Mails in cc, die brauchen nicht beantwortet zu werden, aber jeder fühlt sich einbezogen).
- Legen Sie Ihre Bewertungskriterien offen.

Fragen zu Ihrer ABC-Liste:

Welche 5 Aspekte finden Sie am wichtigsten?

....

Was hat Offenheit/ Durchschaubarkeit mit Gesundheit zu tun?
(die Auflösung finden Sie weiter hinten – bitte nicht spinxen! Spinxen ist unfair ...)

....

*aus dem Herzen keine
Mördergrube machen,
aber …*

*… sich mit seinen Leuten
gegen den Vorstand
solidarisieren
– das ist kein guter Stil!*

Als Führungskraft sollen Sie auch gegenüber Verordnungen „von oben" Position beziehen. Ihre Mitarbeitenden schauen ohnehin in Ihr Gesicht und fragen sich: „Glaubt er / sie wirklich, was er / sie da erzählt? Und wie findet er / sie das?"

Angenommen, Sie sind nicht einverstanden mit dem, was Sie mit Ihrem Team durchsetzen sollen. Aber Sie wollen nicht als Obrigkeitsverräter da stehen – andererseits wollen Sie auch morgen noch in den Spiegel schauen können und Ihren Leuten keine Show vorspielen.

Wie haben Sie diesen Spagat in der Vergangenheit hinbekommen bzw. den Konflikt gelöst?

....

*Lösungsvorschläge für
diesen typischen Konflikt für
Führungskräfte in Sandwich-
Positionen*

....

....

Welche Formulierungen haben sich als hilfreich erwiesen?

....

....

*Seien Sie offen
– aber passen Sie auch gut
auf sich auf!*

Wo sehen Sie persönlich eine Grenze der Offenheit? Welche Informationen würden Sie definitiv für sich behalten?

....

....

emotionale Führung:
alles, nur kein Pokerface

Dass Sie mit Ihrer Stimmung die Ihres Teams beeinflussen, konnten Sie oben schon lesen. Daniel Goleman schreibt in seinem Buch „Emotionale Führung", dass es die oberste Aufgabe einer Führungskraft sei, emotionale Resonanz zu erzeugen. Seiner Meinung nach ist es 1000mal besser, ein Team auch mal (!) mit schlechter Laune anzustecken, als ein Pokerface zur Schau zu tragen. Das soll kein Freibrief sein, den Choleriker zur Schau zu stellen, aber es kann Sie entlasten. Ideal wäre, wenn Sie Ihr Team mit Ihrer guten Laune anstecken!

Wie schaffen Sie es, Ihre Laune zu verbessern?

....

Was können Sie tun, wenn jemand in Ihrem Team die Stimmung aller anderen durch seine schlechte Laune vermiest?

....

Ihre Mitarbeiter wünschen sich Fairness, auch in Sachen emotionaler Nähe. Manche sind Ihnen lieber als andere, das ist normal. Bemühen Sie sich um positiv gefärbten Kontakt zu allen („Und? Schönes Wochenende gehabt?"), zu Rauchern wie Nichtrauchern. Bisweilen laufen gerade in den von (Nichtraucher-)Chefs gemiedenen Raucherecken die sozial spannenden Dinge ab. Stellen Sie sich dazu!

Was wollen Sie demnächst mal ausprobieren, um die Stimmung in Ihrem Team zu verbessern?

Schauen Sie auch auf Ihre ABC-Liste!

Wie können Sie das Klima in Ihrem Team möglichst positiv gestalten?
* Lachen Sie nicht nur mit Ihren Lieblingen, sondern möglichst mit allen! Gerechtigkeit beinhaltet auch: annähernd gleiche emotionale Nähe zu allen (das verlangt viel Disziplin!).
* Beginnen Sie in puncto Stimmung bei sich selbst: Sorgen Sie morgens früh schon so gut für sich, dass Sie gute Laune haben.
* Richten Sie sich auf! Eine aufrechte Körperhaltung verbessert die eigene Stimmung ebenso wie das viel beschriebene Hochziehen der Mundwinkel (nur, wenn Sie keiner sieht ...)!

....

....

Fragen zu Ihrer ABC-Liste:

Welche 5 Aspekte finden Sie am wichtigsten?

....

....

....

Was haben Stimmung und Betriebsklima mit Gesundheit zu tun?
(die Auflösung finden Sie weiter hinten – bitte nicht spinxen! Spinxen ist unfair ...)

....

Welche weiteren Ideen zur Stimmungsverbesserung ergeben sich für Sie aus dem Austausch mit den anderen Seminarteilnehmenden, z.B. Tipps für gemeinsame Veranstaltungen etc.?

....

....

....

Auflösung zu den Fragen auf den Seiten 33, 35 und 37:

Interesse / Aufmerksamkeit / Kontakt
Desinteresse bzw. Ignoriert-Werden sorgen für Ärger- oder Hilflosigkeitsgefühle („der Idiot!" oder „ich bin hier eh nur ein kleines Rädchen") – Ärger schadet dem Herz-Kreislauf-System (Stresshormonfreisetzung), Hilflosigkeit dem Immunsystem. Interesse sorgt für Wohlbefinden und lässt die Motivationssysteme anspringen (Dopamin).

Transparenz / Offenheit / Durchschaubarkeit
Verunsicherung erhöht den Blutdruck und den Muskeltonus. Man ist in Hab-Acht-Stellung. Die Konzentration geht verloren, die Fehler- und Unfallhäufigkeit steigt, die Qualität lässt nach. Ein transparenter Vorgesetzter, der klar sagt, was er will und was ihm wichtig ist, gibt Sicherheit. Das Zugeben von Fehlern entspannt Mitarbeiter ebenfalls.

Stimmung / Betriebsklima
Je besser das Betriebsklima, desto weniger Leute haben Rückenschmerzen. Erklärung: Man bewegt sich mehr, die Muskeln werden besser durchblutet, man ist entspannter, neigt weniger zu Verspannungen. Das Wohlbefinden wird durch Lachen gefördert. Das Vertrauenshormon Oxytozin sorgt für Entspannung.

> **Jede Kommunikation mit einem Beschäftigten sollte dessen Selbstwertgefühl stärken statt schwächen.**

Lassen Sie uns einen kleinen Test machen. Prüfen Sie mal, ob Sie diesem Statement aus tiefstem Herzen zustimmen – und zwar auch hinsichtlich der Team-Mitglieder, die Ihnen nicht ganz so nahe stehen.

Wenn Sie diesen Satz unterschreiben, können Sie schon stolz auf sich sein. Sie sind schon auf dem besten Wege, gesund zu kommunizieren. Bei vielen werden sich hingegen Widerstände regen: „Wie, den soll ich noch größer machen, als der sich eh schon fühlt?!" Wenn Chefs es nötig haben, einem Mitarbeiter zu demonstrieren, wie klein er eigentlich ist, sollten sie ihre Einstellung hinterfragen: „Wozu brauche ich den Führungsjob, und was gibt er meinem Ego?"

Zitat von Goethe dazu:

Wer die Menschen behandelt wie sie sind, macht sie schlechter.
Wer sie aber behandelt wie sie sein könnten, macht sie besser.

Wann ist Kommunikation oder Gesprächsführung „gesund"?

Gesunde Kommunikation ist ressourcenorientiert. Sie zielt darauf ab, verborgene Schätze im Mitarbeiter zu heben, so dass dieser sich im Dienste des Betriebs bestmöglich entfalten kann. Dazu gehört auch, Belastungssignale frühzeitig zu erkennen und anzusprechen.

- Überlegen Sie ab und zu: Wo hat welcher meiner Mitarbeiter Stärken? Kann er sie auf der jetzigen Stelle nutzen?
- Verzichten Sie aufs Pokerface und zeigen Sie Emotionen. Machen Sie kein Hehl aus Ihrer Meinung.
- Ermuntern Sie Ihre Mitarbeitenden dazu, eigene Ideen zu äußern. Nehmen Sie diese wohlwollend zur Kenntnis – und wenn eine passt, setzen Sie sie auch um.

- Stellen Sie Leistungen Ihres Teams als die Ihres Team heraus – Fehler Ihres Teams hingegen als die Ihren.
- Verzichten Sie aufs Recht-Haben-Wollen; das Wichtigste sollte für Sie sein, dass Mitarbeitende ihr Verhalten ändern, sofern nötig – und nicht, dass sie Ihnen zerknirscht bescheinigen, dass Sie im Recht waren.
- Versuchen Sie, maximal 50 Prozent (besser wären 30) Gesprächsanteil zu haben.
- Und nochmal: Rufen Sie sich vor jedem Gespräch die Stärken des Mitarbeiters ins Gedächtnis!

Welche von diesen Punkten wollen Sie beim nächsten Gespräch ausprobieren? (ankringeln)

....

....

....

....

Wie kann so ein Gespräch aussehen? – Vorschlag für einen Ablauf

- Symptome für mögliche Überlastungen sollten Sie nicht ignorieren, sondern ansprechen („Macht Ihnen Ihr Rücken wieder Ärger? Sie Ärmste! Schauen Sie mal, ob es heute mit dem Arbeiten klappt! Und sonst gehen Sie halt heim."). Bei wiederholtem Auftreten führen Sie ein Gespräch.

- Wie immer sollten Sie auch hier für eine ruhige, entspannte Atmosphäre sorgen – schließlich sollen sich beide Gesprächspartner wohl fühlen. Aber haben Sie nicht den Anspruch, komplett entspannt zu sein. In so einer Situation ist Herzklopfen normal!

- Sie sollten wertfrei beschreiben, was Ihnen aufgefallen ist, ohne eine Diagnose zu stellen. Sie können z.B. sagen: „Mir fällt gerade auf, Sie sind so blass" (falls ungewöhnlich). Fassen Sie in Worte, dass dies eine Veränderung darstellt („So was kenne ich gar nicht von Ihnen.").

- Formulieren Sie offen: „Was ist los?" (und nicht, ob er oder sie ein Problem hat). Die Frage ist personfern und damit wenig bedrohlich. Seien Sie bitte nicht beleidigt, falls Sie ein „Nix" zu hören bekommen. Vielleicht ist der andere noch nicht so weit sich zu öffnen. Oder es ist wirklich "nix". Wichtig ist, dass Sie ein Gesprächsangebot gemacht haben.

- Sie können auch Ihre Anteilnahme in Worte fassen: „Ich mache mir Sorgen und möchte Sie unterstützen." (Unterstützen beinhaltet – im Gegensatz zu Helfen –, dass der andere bereits selber aktiv ist).

- Erkundigen Sie sich, welche Ideen der Mitarbeiter oder die Mitarbeiterin hat: „Was muss passieren, damit Sie sich hier bei uns wieder wohler fühlen können? Kann ich etwas dazu beitragen?" Warten Sie geduldig auf die Antworten und überschütten Sie den Mitarbeiter nicht mit Ihren Ideen („Ich hab mir gedacht, Sie könnten ja mal ...").

- Sie können ruhig Ihr eigenes Unbehagen formulieren („Ich führe so ein Gespräch auch nicht alle Tage, ist mir auch ein bisschen unangenehm").

- Vielleicht möchten Sie einen Termin zum Austausch über Veränderungen festmachen („Ich schlage vor, wir setzen uns in zwei Wochen wieder zusammen und besprechen, was sich verändert hat.")

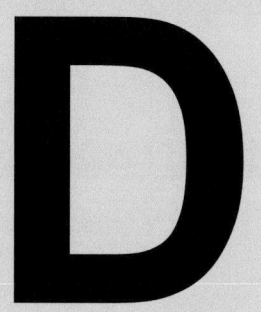

Kollegiale Beratung, Grenzen und professionelle Unterstützung

D

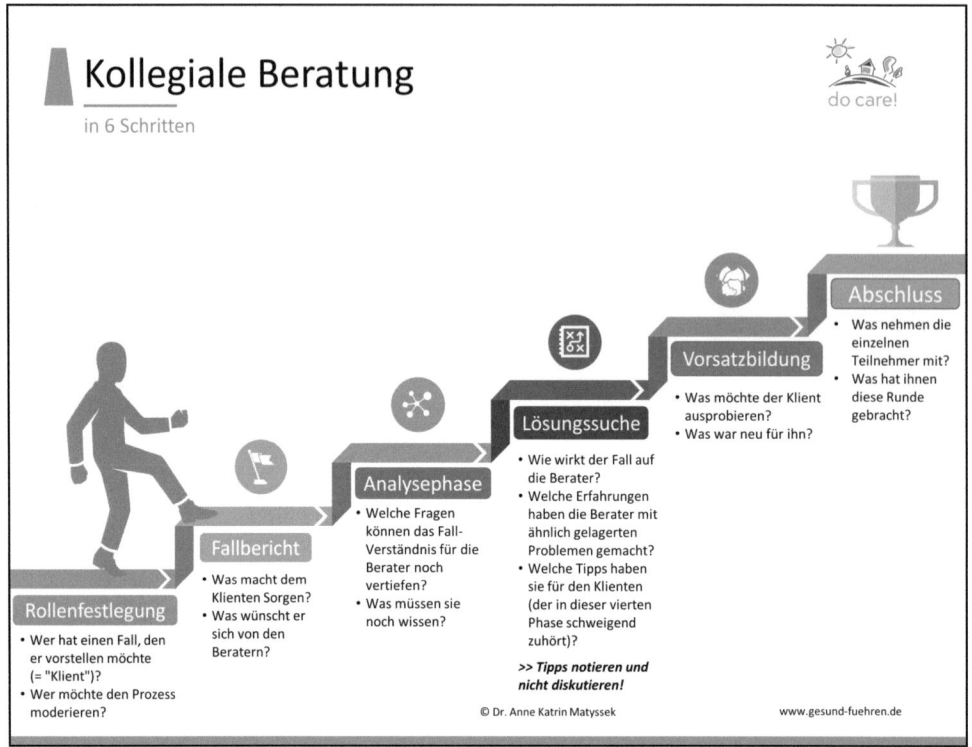

Kollegiale Beratung
in 6 Schritten

do care!

Rollenfestlegung
• Wer hat einen Fall, den er vorstellen möchte (= "Klient")?
• Wer möchte den Prozess moderieren?

Fallbericht
• Was macht dem Klienten Sorgen?
• Was wünscht er sich von den Beratern?

Analysephase
• Welche Fragen können das Fall-Verständnis für die Berater noch vertiefen?
• Was müssen sie noch wissen?

Lösungssuche
• Wie wirkt der Fall auf die Berater?
• Welche Erfahrungen haben die Berater mit ähnlich gelagerten Problemen gemacht?
• Welche Tipps haben sie für den Klienten (der in dieser vierten Phase schweigend zuhört)?

>> *Tipps notieren und nicht diskutieren!*

© Dr. Anne Katrin Matyssek

Vorsatzbildung
• Was möchte der Klient ausprobieren?
• Was war neu für ihn?

Abschluss
• Was nehmen die einzelnen Teilnehmer mit?
• Was hat ihnen diese Runde gebracht?

www.gesund-fuehren.de

Wenn Sie jetzt mit Ihrer Kleingruppe in Ihren Raum gehen, denken Sie an Metaplan-Karten (die liest niemand! Aber es ist wichtig, dass der Klient etwas in die Hand bekommt zum Auswählen)! Denken Sie an die Schweigepflichtserklärung, und auch daran, dass ein Vertrauensvorschuss in der Regel belohnt wird. Sie alle können davon profitieren! Aber passen Sie auch auf sich auf! Wichtig ist, dass Sie in Phase 4 nicht diskutieren! Quantität vor Qualität! Entscheiden, was auf die jeweilige Situation passt – das kann nur der Klient!

Was ist wichtig und verdient, notiert zu werden?

....

....

Welche Phase ist die wichtigste?

....

D.2   Welche erweiternden Fragen helfen? Wie geht's weiter?

do care!

Erweiternde Fragen

(für die Analysephase 3)

do care!

Nicht alle Fragen „passen" zu einem Fall: Suchen Sie sich die richtigen aus!

Woran würde der Klient merken, dass ihm die Beratung genützt hat bzw. nicht genützt hat?

Was tun die beteiligten Personen (nicht), wenn das Problem auftritt?

Was passiert, wenn der Klient sich weiterhin so verhält wie bisher?

Wer ist am Entstehen, wer am Aufrechterhalten des Problems beteiligt?

Was kann der Klient tun, damit das Problem noch ewig andauert?

Welche Gefühle/ Gedanken kommen dem Klienten spontan, wenn er an das Problem denkt?

Was würden andere Leute („weise Alte") über das Problem denken?

Was hat in der Vergangenheit geholfen?

Wie würden „Naturtalente" das Problem angehen?

Was wird der Klient heute in 20 Jahren über das Problem und seine Schwere denken?

Wenn das Problem weggezaubert würde: woran könnte der Klient das erkennen?

© Dr. Anne Katrin Matyssek – www.do-care.de   www.gesund-fuehren.de

Welche von diesen Fragen könnten Sie ausprobieren? (ankringeln)

Erweiternde Fragen aus der sogenannten systemischen Beratung können helfen, einen anderen Blickwinkel auf einen Sachverhalt zu bekommen. Und sie lenken den Fokus häufig weg vom Problem hin zu den Ressourcen und zur Lösung. Weitere Fragen:

- wo liegen die Stärken des Menschen, über den berichtet wird?
- wann gab es mal Ausnahmen vom Problemverhalten?
- wie würde sich eine super-erfahrene megatolle Führungskraft verhalten?
- mag der Klient den Menschen, von dem er berichtet? was mag er?
- welche Einstellungen / Überzeugungen könnten die Führungskraft entlasten?

Ob eine Frage „gut" war, erkennt man daran, dass der Klient die Antwort nicht aus wie aus der Pistole geschossen liefern kann. Wenn er überlegen muss, bewegt sich häufig etwas in ihm, was Veränderungen einleiten kann. WICHTIG: Der Klient ist immer die Führungskraft, die ihren Fall zur Verfügung stellt – nicht der Mensch, über den sie redet! Nur der Führungskraft kann geholfen werden!

Welche Frage war besonders wertvoll? Was wollen Sie sich merken?

....

....

Was nehmen Sie mit aus diesem Durchgang der Kollegialen Beratung?

....

....

Was bringt Ihnen als Führungskraft dieses Verfahren insgesamt? Was sind die Effekte?

....

....

Warum ist die Kollegiale Beratung Teil des Seminars „Gesund führen – sich und andere?!"

....

....

Wie kann die Kollegiale Beratung in Ihren Alltag Einzug halten?

....

....

Welche konkreten nächsten Schritte können Sie sich vorstellen?

....

> *Grenzen sind schneller erreicht als erwartet.*

Kennen Sie eigentlich Ihre Grenzen im Umgang mit einzelnen Beschäftigten? Grundsätzlich ist es ein Zeichen von Professionalität und innerer Souveränität, seine Grenzen zu erkennen, und professionelle Unterstützung hinzuzuziehen. Im Sozialbereich ist dieses Wissen schon längst selbstverständlich – Supervision und Intervision (so ähnlich wie die Kollegiale Beratung, die Sie schon kennen) gehören zum Alltag. In Betrieben und Behörden sieht das oft anders aus:

Der wahre Profi weiß, wo seine Grenzen sind.

Viele Führungskräfte fürchten, als inkompetent gebrandmarkt zu werden, wenn sie andere um Rat fragen. Insbesondere in Kulturen, die von Misstrauen geprägt sind, behält daher jeder seine Gedanken für sich. Dabei könnten alle vom vertieften Austausch profitieren.

Sie tragen ja auch Verantwortung für die restlichen Team-Mitglieder!

Insbesondere Führungskräfte, die sich freiwillig zu einer Veranstaltung wie dieser anmelden, interessieren sich ohnehin schon für das Wohlbefinden ihrer Mitarbeitenden. Falls Sie dazu gehören: Bei Ihnen ist die Gefahr besonders groß, dass Sie zu lange schützen und stützen ...

Bei welchen dieser Grenzpunkte müssen Sie persönlich besonders gut auf sich aufpassen? (ankringeln oder ergänzen)

Grenzen sind schnell erreicht

Die eigenen Grenzen zu erkennen ist immer ein Zeichen von Stärke!

sauer werden, weil der meine Vorschläge nicht annimmt

mehrfach wegen desselben Team-Mitglieds nicht abschalten können

zweimal selber Infos besorgen

öfter mit dem/r Partner/in über diesen Menschen reden

dauerhaft reduzierte Leistung

Angst um diesen Menschen

keine Besserung

schlechtes Gewissen

Hilfreich ist die kritische Reflexion: Warum will ich helfen?

© Dr. Anne Katrin Matyssek – www.do-care.de   www.gesund-fuehren.de

....

....

....

....

Gerade die Besten überfordern sich leicht!

LESETIPP:
„Psychisch krank im Job"
Die Broschüre ist kostenlos als Download erhältlich unter:
www.bkk-dachverband.de

Wen holen Sie wann?

Wer von den anderen Semi-narteilnehmern hat mit welchem Ansprechpartner in welchen Situationen schon gute Erfahrungen gemacht? Notieren Sie das hier am Rand!

Es gibt in Ihrem Unternehmen eine Reihe von Ansprechpartnern, an die Sie sich wenden können, wenn Sie merken, dass Ihre Grenze im Umgang mit einem bestimmten Mitarbeiter oder einer bestimmten Mitarbeiterin erreicht sind. Vielleicht zählen ja seit heute auch Kollegen aus dieser Seminarrunde dazu?

Es macht Sinn, dass Sie sich die Namen und Telefonnummern oder eMail-Adressen der wichtigsten Menschen hier im Heft notieren, damit Sie sie im Notfall direkt zur Hand haben.

....

....

....

....

Funktion: ....

Name: ....

Telefon: ....

eMail: ....

....

....

....

....

Funktion: ....

Name: ....

Telefon: ....

eMail: ....

....

....

....

Funktion: ....

Name: ....

Telefon: ....

eMail: ....

Transfer

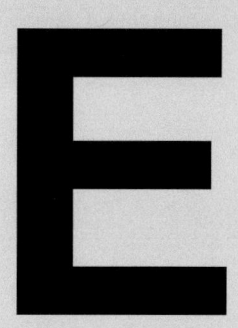

Was Sie nun tun können

Auf der nächsten Seite finden Sie einen Selbstvertrag, den Sie am besten noch heute (oder direkt gleich!) ausfüllen sollten. Nehmen Sie sich lieber zu wenig vor als zu viel. Ein oder zwei Vorsätze für die nächsten 3 Wochen – das reicht! Gönnen Sie sich die Freude über schnelle Erfolge. Die motiviert weit mehr als ein Riesenprojekt, das man nur zur Hälfte bewältigen kann.

Falls Sie sich konkrete Verhaltensänderungen vornehmen wollen, die von Ihren Mitarbeitenden bemerkt werden können (wie zum Beispiel häufigeres Feedback-Spenden), sollten Sie sich zunächst 4 Beobachtungstage gönnen (fragen Sie sich z.B. „wofür KÖNNTE ich jetzt positives Feedback geben, wenn ich wollte, und wie würde ich das formulieren?"). Erst danach setzen Sie das Verhalten in die Tat um. So vermeiden Sie die typischen Seminar-Verfremdungseffekte.

☑ Versenden Sie abwechselnd Erinnerungs-eMails: Jede Woche ist ein anderer dran. Ein Satz in der Betreffzeile reicht (Sie bekommen ja eh schon genug eMails ...).

☑ Weitere Ideen und Anregungen finden Sie im Buch „Wertschätzung im Betrieb". Hierin gibt es, wie erwähnt, auch ein Multiplikatoren-Programm, das Sie in Eigenregie durchführen können.

☑ Worauf Sie als Führungskraft in Zeiten von Veränderungen besonders achten sollten, können Sie im Buch „GESUND FÜHREN. Das Handbuch für schwierige Situationen" nachlesen. Hier finden sich auch Tipps zum Umgang mit aufmüpfigen Teams oder oft fehlenden Mitarbeitern.

☑ Ideen und Materialien zur Verbesserung der Anwesenheitsquote finden Sie natürlich ebenfalls auf www.do-care.de – beispielsweise können Sie das Fehlzeiten-ABC für Führungskräfte kostenlos herunterladen

Gesundheit am Arbeitsplatz ist (auch) ein Gemeinschaftswerk. Der einzelne trägt eine Verantwortung zur Erhaltung seiner Arbeitskraft (im Grunde sogar laut Arbeitsvertrag), Sie als Führungskräfte tragen ihren Teil dazu bei, und der Betrieb als Ganzes leistet ebenfalls seinen Beitrag dazu, dass alle Beschäftigten gesund bleiben und gesund in Rente gehen können. Diese Zusammenarbeit wird dann gut funktionieren, wenn alle Seiten Hand in Hand arbeiten und einander mit Wertschätzung begegnen. Dazu müssen Sie als Führungskräfte ebenso wie die (Unternehmens-)Leitung glaubwürdig signalisieren:

„Deine Gesundheit liegt uns am Herzen,
denn DU bist uns wichtig, und natürlich auch deine Arbeitskraft.
Wir trauen dir zu, dass du die Verantwortung für deine Gesundheit übernimmst;
und wir wissen, dass wir ebenfalls Verantwortung für deine Gesundheit tragen,
und deshalb wollen wir dich nach Kräften unterstützen.
Wir wollen, dass du dich an deinem Arbeitsplatz wohlfühlst.

☑ Wie Sie Ihre Geschäftsleitung vom Thema Gesundheit überzeugen (und auch, wie Sie mit einem anerkennungsgeizigen Chef umgehen), erfahren Sie in dem Buch „Führung und Gesundheit. Ein praktischer Ratgeber zur Förderung der psychosozialen Gesundheit im Betrieb".

E.2   Was wollen Sie mitnehmen? (Selbstvertrag)

Notieren Sie hier, was Sie aus der Veranstaltung mitnehmen wollen:

- Was wollen Sie umsetzen?
    - o   für sich persönlich oder für Ihre Partnerschaft
    - o   für Ihre Mitarbeitenden / Kollegen/ Kolleginnen

....

....

- Was versprechen Sie sich davon?

....

- Was tun Sie bis wann?

....

- Wie könnten Sie mit Hindernissen umgehen?

....

- Wer soll Sie unterstützen?

....

....
(Datum, Unterschrift)

Wenn Sie Ihren Vorsatz öffentlich machen, wird die Umsetzung um das 3trillardenfache erleichtert ☺ Ich wünsche Ihnen in jedem Fall viel Erfolg!

Ihre Anne Katrin Matyssek

Dr. Anne Katrin Matyssek

Jahrgang 1968, Diplom-Psychologin, approbierte Psychotherapeutin

seit 1998 tätig als Rednerin, Trainerin und Beraterin zu Betrieblichem Gesundheitsmanagement für Verwaltungen und Firmen der freien Wirtschaft zum Thema:

Gesundheit(sgerechte Führung) durch mehr Wertschätzung im Job

Autorin mehrerer Bücher

Referenzen finden Sie unter: www.do-care.de

Ich freue mich, wenn Ihnen dieses Buch gefallen und Sie unterstützt hat. Weitere Informationen und Anregungen finden Sie auf meiner Website: **www.do-care.de**.

Auch Informationen zur CareCard (Erinnerungshilfe im Scheckkarten-Format) mit den besten Tipps erhalten Sie dort, ebenso wie weitere Tipps für Ihren Führungsalltag und für mehr Gesundheit im Betriebt – und für mehr echte Anwesenheit und Produktivität.

Von Herzen alles Gute wünscht Ihnen Ihre Anne Katrin Matyssek

Wenn Sie die Inhalte des Basis-Seminars vertiefen möchten, empfehle ich Ihnen vor allem folgende Bücher:

Gesund Führen. Das Handbuch für schwierige Situationen. 18,80 € (D)

Führung und Gesundheit. Ein praktischer Ratgeber zur Förderung der psychosozialen Gesundheit im Betrieb. 22,90 € (D)

Weitere Bücher (Auswahl):

- **Wenn der Chef krank macht,** 9,90 € (D)
- **Führungsfaktor Gesundheit** 19,90 € (D)
- **Chef, Sie haben ein Super-Team!** (gebunden m. Umschlag) 19,90 € (D)
- **Pilates für die Psyche. Wie Sie trotz Arbeitsbelastungen gesund bleiben** 8,99 € (D)

zum Danke-Sagen:

- **Danke! Mensch, sind wir froh, dass Sie bei uns arbeiten!** (ein Care-Cracker) 5,00 € (D)

Weitere Care-Cracker (52 Seiten, 5,00 €):

- **Mensch, mach' mal Pause!**
- **Mensch, sei mal stolz auf dich!**
- **Mensch, sag' mal NEIN!**
- **Mensch, entspann' dich mal!**
- **Mensch, bin ich froh, dass es dich gibt!**

Sie wollen die Unternehmenskultur wertschätzender gestalten?
Dann empfehlen sich folgende Bücher für Aufbau-Veranstaltungen (incl. Multiplikatoren-Konzept, Seminarabläufen, Folien):

Wertschätzung im Betrieb. Impulse für eine gesündere Unternehmenskultur. 22,90 € (D)

„Gut, dass Sie da sind!" Arbeitsheft zum Buch „Wertschätzung im Betrieb". 5,00 € (D)

Kleiner Selbst-Check: Praktiziere ich einen gesundeitsförderlichen Führungsstil?

3	stimmt voll
2	stimmt ziemlich
1	stimmt eher nicht
0	stimmt absolut nicht

Anerkennung / Wertschätzung

Ich kenne die größte Stärke aller meiner direkten Mitarbeitenden (bis max. 30 MA).	3 2 1 0
Ich lobe wesentlich öfter, als dass ich kritisiere.	3 2 1 0
Ich habe nur selten ein ungutes Gefühl, wenn ich eine Aufgabe delegiert habe (= ich denke nur selten: ob der Mitarbeiter das wohl richtig macht).	3 2 1 0
Ich übertrage meinen Mitarbeitenden verantwortungsvolle Aufgaben und versuche, ihren Handlungsspielraum zu erweitern.	3 2 1 0
Ich beteilige meine Mitarbeitenden an Entscheidungsprozessen.	3 2 1 0
Ich habe keine "Lieblinge", die ich bevorzugt behandle.	3 2 1 0

Interesse / Aufmerksamkeit

Ich beobachte meine Mitarbeitenden wohlwollend.	3 2 1 0
Veränderungen, wie z.B. eine neue Frisur, fallen mir in der Regel auf.	3 2 1 0
Ich bin immer genau informiert über die Fehlzeiten in meiner Abteilung.	3 2 1 0
Ich nehme persönlich Kontakt zu Mitarbeitenden in längerer Krankheit (ca. ab zehn Tagen) auf.	3 2 1 0
Ich führe grundsätzlich Willkommensgespräche mit jedem Mitarbeiter.	3 2 1 0
Ich achte ganz bewusst auf sicherheitsgerechtes Arbeiten meiner Mitarbeitenden.	3 2 1 0

Belastungsreduzierung und Ressourcenaufbau

Ich bemühe mich, für meine Mitarbeiter da zu sein, ihnen den Rücken zu stärken.	3 2 1 0
Meine Mitarbeiter wissen, dass ich ihnen nicht in den Rücken falle und sie auch bei einer Panne nicht "im Regen" stehen lasse.	3 2 1 0
Ich bemühe mich, auch in puncto Gesundheitsverhalten Vorbild zu sein.	3 2 1 0
Ich bemühe mich, Belastungen meiner Mitarbeiter im "gesunden" Maß zu halten.	3 2 1 0
Ich erkenne immer genau, wann einer meiner Mitarbeiter überlastet ist (z.B. weiß ich, wer auf Stress mit einem roten Kopf reagiert/ wer eher kalkweiß wird).	3 2 1 0

Gesprächsführung / Kommunikation

Ich bemühe mich, für meine Mitarbeitenden immer ein offenes Ohr zu haben, z.B. indem ich oft (mind. 1x/Woche) durch die Abteilung gehe ("walking around").	3 2 1 0
Ich habe in Gesprächen maximal 50% Redeanteil (im Durchschnitt).	3 2 1 0
Ich suche häufig (mind. 1x/Monat) das Gespräch mit jedem Mitarbeiter - nicht nur in Beurteilungsgesprächen/ Mitarbeiterjahresgesprächen.	3 2 1 0

Transparenz / Durchschaubarkeit	
Ich bemühe mich, alle Informationen über Unternehmen und Abteilung rasch weiterzugeben und damit "Wissensgefälle" zu vermeiden.	3 2 1 0
Meine Mitarbeitenden wissen genau, "was sie tun" und wie ich das finde: Ich gebe mindestens einmal im Monat Feedback.	3 2 1 0
Die Meinung meiner Mitarbeitenden ist mir wichtig.	3 2 1 0
Feedback funktioniert bei uns gegenseitig, d.h. a) meine Mitarbeitenden trauen sich auch, mich zu kritisieren	3 2 1 0
b) meine Mitarbeitenden trauen sich auch, mich zu loben	3 2 1 0
Betriebsklima / Stimmung	
Ich begrüße meine Mitarbeitenden morgens freundlich.	3 2 1 0
Ich ermutige meine Mitarbeitenden, ihren Arbeitsplatz persönlich zu gestalten.	3 2 1 0
Ich spreche nicht ironisch oder herablassend mit meinen Mitarbeitenden.	3 2 1 0
Ich versuche, angstreduzierend zu führen (Humor nutzen, ruhig sprechen etc.).	3 2 1 0
"Bitte" und "Danke" sind bei uns selbstverständlich. Schreien kommt nicht vor.	3 2 1 0

GESAMTPUNKTZAHL: _____

Auswertung:
Eigentlich dient so ein Fragebogen nur als Hilfsinstrument zur Selbstreflexion. Man erkennt, wo man schon viel tut und wo noch Ausbaumöglichkeiten bestehen. Aber da erfahrungsgemäß viele Seminarteilnehmende eine zahlenbezogene Auswertung wünschen .... hier ist sie:

Unter 30 Punkten: Sie wissen es vermutlich selbst: Es gibt da noch ziemlich große Baustellen, also – positiv ausgedrückt – recht viele Möglichkeiten, bei denen Sie ansetzen können, wenn Sie der eigenen Gesundheit und der Ihrer Mitarbeitenden etwas Gutes tun wollen.

31 bis 60 Punkte: Sie sind bereits auf dem rechten Weg, aber die Gesundheitswertigkeit Ihres Führungsverhaltens ist noch ausbaufähig: Sie können noch mehr dafür tun, ein Chef / eine Chefin zu werden, für den / die man gerne (und damit gut!) arbeitet. Bleiben Sie dran – es lohnt sich!

Über 60 Punkte: Bravo! Ihre Mitarbeitenden dürften sich freuen und belohnen Sie vermutlich mit einer hohen Anwesenheitsquote. Sie führen schon heute sehr mitarbeiter-orientiert und haben den (gesunden!) Ehrgeiz, dieses Führungsverhalten noch weiter zu optimieren.

Im Seminar erfahren Sie vielleicht auch, welche beiden Dimensionen von besonderer Bedeutung für die Anwesenheitsquote sind – um die sollten Sie sich besonders kümmern, falls Sie sich Sorgen machen um die Quote in Ihrem Bereich. Und falls Sie sich bei diesen beiden Dimensionen – und überhaupt – bei aller Selbstkritik und Bescheidenheit viele Punkte geben und dennoch mit miesen Quoten zu kämpfen haben, dann liegt es vermutlich wirklich nicht an Ihrem Führungsverhalten ... kleine Beruhigung und Entlastung für Sie!

Wenn Sie ganz mutig sind, können Sie den Fragebogen auch von Ihrem Team „gegenchecken" lassen. Ich verrate Ihnen etwas: Das trauen sich nur die Besten ... ☺